LA LOI MORALE,

LOI DE L'UNANIMITÉ

DÉDIÉE A L'HUMANITÉ,

PAR

Pierre-Napoléon DOMENJARIE,

OUVRIER TAILLEUR.

La vérité est une ! elle est absolue, éternelle, inaltérable dans tous les temps et dans tous les pays, elle est en nous, elle existe chez tous les hommes, au même dégré : elle est le mobile de toutes nos actions, l'essence de notre être et de notre conservation ; elle est le principe unique, supérieur, qui domine tous les êtres et sans lequel l'espèce périrait. Les hommes la recherchent avec une activité infatigable : tous leurs travaux, tous leurs efforts, n'ont pour but que de la formuler, d'en jouir dans toute sa grandeur et sa simplicité. L'homme atteindra ce but, qui est sa destinée et qui sera son bonheur.

Mais avant que de formuler la vérité, avant qu'elle devienne la base de la société et de l'éducation, l'homme passe par une multitude d'erreurs, conséquence fatale de son ignorance primitive, non que l'homme se trompe sur le but qu'il doit atteindre un jour ; mais il se trompe sur les moyens de le réaliser.

Avant de pouvoir formuler la vérité, l'homme la possède à l'état d'instinct, d'intuition, d'aspiration, et du jour où sa formule apparaîtra, elle se réalisera dans les faits. La face du monde changera, l'homme gravitera constamment vers le bonheur ; car il possédera la boussole, le moyen infaillible, le critérium à l'aide duquel il ne fera plus fausse route. De ce jour, s'ouvrira une ère inconnue à nos pères ; nous aurons vaincu l'ignorance, la misère, la conscience sera dans nne quiétude parfaite ; car, la contradiction et le doute auront disparus.

Se vend chez CHAMEROT, libr., Palais-Royal, galerie d'Orléans, 4, et chez les principaux libraires.

La vérité est comme la lumière, elle est sensible, bienfaisante pour tous, accessible à tous; il suffit de l'énoncer pour que chacun la reconnaisse, la proclame, l'aime. Chaque mortel s'éclaire à sa divine lumière; tout homme se réchauffe à sa chaleur féconde; semblable au soleil, elle dissipe les nuages, les ténèbres; elle donne la joie et la vie; devant elle disparaîtront les préjugés, l'ignorance, l'intolérance, la misère.

La vérité n'est pas l'apanage, le privilége, l'héritage, le monopole d'un seul, de quelques-uns, d'une majorité; elle est le patrimoine, l'héritage, la bien-venue de tous; elle n'est pas le produit du hasard, du nombre, d'une caste, elle est du domaine commun; elle n'est pas contestée par celui-ci, accueillie par celui-là, elle est la vérité pour tous, elle se fait aimer, chérir de tous; elle se donne à tous les savants d'un point du monde à l'autre, ne proclame pas une vérité par le nombre de voix qu'elle réunit; ils la démontrent, et la démonstration faite, nul ne peut la nier, non plus que le soleil; elle est la loi non de quelques-uns, non d'une majorité, mais de tous les savants chrétiens ou musulmans, juifs ou païens; c'est la loi de la science, la loi de Galilée, de Newton, la loi de l'unanimité.

De même qu'il n'y a qu'une vérité, il n'y a qu'un principe, ou plutôt, principe et vérité ne sont qu'une seule et même chose, la tradition basée sur deux principes, Dieu et Satan; le bien et le mal est une erreur causée par l'ignorance primitive; le bien est éternel, inaltérable; le mal est passager, le mal est le produit de l'ignorance; la vérité, source de tout bien, dissipe l'erreur, le mal, la misère.

FORMULE DE LA VÉRITÉ.

La vérité, la loi de l'homme, c'est le bien-être. Vivre heureux et toujours, avoir place au banquet de la vie, jouir de toutes ses facultés, telle est la loi, le but où tendent tous les efforts, toute l'activité humaine. Nul ne peut se soustraire à cette loi, à cause de l'ignorance primitive. L'homme se trompe sur les moyens qui doivent le rendre heureux; mais il poursuit toujours le même but :

LE BONHEUR.

MOYEN POUR ATTEINDRE LE BIEN-ÊTRE.

Le moyen infaillible, la boussole, la formule, le critérium pour reconnaître la vérité, c'est le consentement universel, loi de l'unanimité.

Chaque fois que nous aurons la vérité, nous aurons l'unanimité; la loi de l'unanimité est la loi de l'avenir, comme la loi d'un seul ou de quelques-uns fut la loi du passé.

La loi d'un seul n'est pas la vérité, parce qu'elle s'impose; la loi de quelques-uns n'est pas la vérité, parce qu'elle s'impose; la loi des majorités n'est pas la vérité, parce qu'elle s'impose, et l'oppression n'est pas plus grande si la loi est imposée à un seul par tous, que si un seul impose la loi à tous.

La vérité se démontre et ne s'impose pas; c'est la loi de l'unanimité.

FORMULE.

Quelle est la loi de l'homme, que veut-il, quel est son but constant, éternel?

La loi de l'homme, c'est le bien-être, voilà la vérité.

FORMULE.

En quoi consiste le bien-être de l'homme?

RÉPONSE.

Le bien-être de l'homme consiste dans l'usage de ses facultés.

LOI DE L'UNANIMITÉ.

Comment l'homme parviendra-t-il à faire usage de ses facultés?

En s'assimilant, en consommant les choses utiles au développement de ces mêmes facultés.

Toute consommation suppose un produit, il faut donc produire les choses indispensables au bien-être de l'homme.

Il faut donc des institutions qui facilitent, qui assurent à chacun et à tous tout ce qui peut concourir au développement des facultés de l'homme, à son bien-être matériel, moral, intellectuel.

FORMULE.

Consommer tout ce qui est utile au développement des facultés de l'homme,

C'EST LE DROIT.

Travailler, produire ce qui est utile au développement des facultés de l'homme,

C'EST LE DEVOIR.

Jouir du fruit de son travail, assurer à chacun et à tous l'intégralité de son produit,

C'EST LA JUSTICE.

Quelle est la quantité de produits que l'homme a le droit de consommer, et quelle est la quantité qu'il a le devoir de produire?

L'homme a le droit de consommer l'équivalent de ce qu'il produit, et le devoir de produire l'équivalent de ce qu'il consomme.

De même qu'il n'y a qu'une vérité, un principe, il n'y a qu'un moyen de réalisation, moyen égal au but que se propose la nature. Ce moyen de réaliser le bien-être, c'est le travail; pour que le travail donne à chacun et à tous la plus grande somme de bien-être, il faut qu'il soit organisé, afin que l'homme produise en abondance et avec amour les choses nécessaires à son bien-être.

Un jour, par l'organisation du travail, la multiplicité des machines et leur perfection, l'homme créera, comme Dieu, par sa seule volonté; il dira : Je veux tel produit, et ce produit sera. C'est de ce jour seulement que la liberté existera pour l'homme. L'homme n'atteindra à la liberté que par la richesse; tant qu'il y aura la misère, tant que la production sera limitée, l'esclavage de l'homme existera.

Qui dit richesse, dit liberté; qui dit misère, dit esclavage.

Les hommes repoussent la misère, l'esclavage à l'unanimité; nul ne veut être pauvre, nul ne veut être esclave.

Tous les hommes veulent être riches, heureux, libres; c'est la loi de l'unanimité.

DES RÉTROGRADES, DES CONSERVATEURS, DES RÉVOLUTIONNAIRES, DE LA FORMULE.

Nous avons reconnu à l'unanimité que tous les hommes veulent la même chose, qui est le bien-être, la loi naturelle à laquelle il n'est pas possible de se soustraire. Nous avons reconnu à l'unanimité que l'homme n'est pas dans les conditions de bien-être. Nous avons reconuu à l'unanimité que la cause de notre misère était due à l'ignorance, et que c'est à cause de cette ignorance même qu'il y a dans la société des catégories d'hommes toujours prets à se mépriser les uns les autres, à s'opprimer, à s'entre-déchirer. Qu'il nous soit permis de dire brièvement le pourquoi de la chose, et après, la paix sera faite; car les hommes sont tous de bonne volonté; ils se trompent, voilà tout. Toutes nos violences sont le fruit de l'ignorance, de l'erreur. O vérité! mère de tout amour, viens cimenter l'union des hommes!

DES RÉVOLUTIONNAIRES.

Le révolutionnaire est celui qui, mécontent et victime des erreurs de la société, de sa mauvaise organisation, veut pousser constamment la société vers un ordre nouveau, veut détruire le vieil édifice, sans savoir au juste ce qu'il faut mettre à la place.

LE CONSERVATEUR.

Le conservateur reconnaît, comme le révolutionnaire, comme tout le monde, qu'il y a des erreurs innombrables dans la société; mais ne sachant non plus le moyen à employer pour édifier sans détruire, et pouvant supporter un ordre de chose qui lui donne une certaine position, résiste au révolutionnaire.

LE RÉACTIONNAIRE.

Le réactionnaire est celui qui, dans le temps, a joui de certain privilége qu'il croit, lui, être utile à la bonne organisation de la société, parce qu'il en a eu la jouissance : en voyant que la génération actuelle tend sans cesse vers l'égalité civile et sociale, il fait violence à cette société, et veut la ramener à son bon vieux temps.

Au fond, ces trois catégories de citoyens veulent une seule et même chose, une société qui leur assure le bien-être. Le révolutionnaire veut plus de bien-être et veut aller en avant; le réactionnaire, pour le même motif, veut aller en arrière; le conservateur, dans la crainte de compromettre le peu qu'il a, se met en travers, et dit restons comme nous sommes.

PROBLÈME OU FORMULE.

Trouver une réforme sociale qui donne au réactionnaire plus de bien-être qu'il n'en posséda jamais, au conservateur et au révolutionnaire plus que n'en ont jamais possédé les privilégiés dans aucun temps et dans aucun pays, c'est avoir résolu le problème, c'est avoir la synthèse qui met d'accord tous les partis en dissidence jusqu'ici. C'est ce que nous allons essayer de démontrer.

La richesse consiste dans la généralité des choses qui concourent au bien-être de l'homme. Il faut donc que toutes les branches de la production soient organisées à rendre en quantité et en qualité ce qui constitue la richesse. Si une seule branche de la production est en progrès, les arts, par exemple, l'industrie sera pauvre; on pourra posséder des tableaux, des statues, des musées, des monuments et manquer des choses de première nécessité. Par la même raison, si la science est languissante, les procédés, les perfectionnements ne peuvent se produire; tout devient routine, tout languit.

Par l'organisation de la production, toutes les aptitudes se produisent et fonctionnent librement, la richesse universelle s'accroît sans cesse, la science donne la main à l'industrie, l'industrie et la science secondent l'art, ou plutôt chaque travailleur est à la fois artiste, savant, industriel, industriel quand il fait une opération mécanique, artiste quand il perfectionne un produit en lui donnant une forme plus belle, savant quand il conçoit le plan de son travail.

La société actuelle peut nous donner une idée très-imparfaite, il est vrai, mais suffisante, du plus ou du moius de richesse d'un indiuidu, selon le progrès général qui s'opère daus les diverses branches de la production.

EXEMPLE.

Il y a cent ans, un homme possédant 50 mille livres de rente ne pouvait pas se procurer la même quantité ni les mêmes qualités des choses que l'homme peut se procurer de nos jours avec dix mille livres. Cela étant, il s'en suit que celui qui possède dix mille livres aujourd'hui est réellement plus riche que celui qui en possédait cinquante, il y a cent ans. La richesse consiste donc dans l'universalité de la production; la production s'est accrue depuis ce temps; le bien-être s'est accru dans la même proportion; par ce qui est, nous pouvons prévoir ce qui sera par l'organisation de la société, quand la vérité, la raison auront détruit la routine, l'erreur.

Il n'y a donc pour l'homme qu'une loi, le bien-être, qu'une vérité, l'unanimité, qu'un moyen de réalisation, l'organisation de la production.

L'organisation du travail, loi du progrès, nous met à même de réaliser le bien-être. La liberté, la souveraineté individuelle, la loi de l'unanimité dénouent le problème du gouvernement direct.. Telle est la puissance de la vérité que, aussitôt qu'on la possède, tout se simplifie.

Oui, il faut organiser le travail pour donner à chacun et à tous la plus grande somme de bien être.

Qui peut organiser le travail? quels sont les hommes compétents? les travailleurs, chacun dans sa spécialité.

Tout est travail, il n'y a que cela dans le monde; ôter le travail, c'est le vide, le néant; organiser le travail, c'est organiser la société; voilà l'ordre, la richesse. Qu'est-ce donc que la politique, l'erreur?
Qu'est-ce que le travail? La production, la vérité, le bien-être.

Résoudre le problème de l'organisation du travail, c'est résoudre le problème de la liberté individuelle, de la justice du gouvernement direct; c'est avoir raison des lois, des constitutions, des délégations; c'est faire tout soi-même, pour soi-même, et par soi-même;

C'est la liberté; c'est la dignité humaine dans son indépendance, dans sa force, dans sa majesté.

DE LA VALEUR.

Pour organiser le travail, il faut l'instrument de précision, la balance, la mesure unique qui permette d'apprécier sûrement le travail de chacun et de tous; c'est ce que les économistes appellent la valeur. La valeur, jusqu'à ce jour, est arbitraire; c'est là la base de toutes les iniquités sociales et de la misère qui en est la suite inévitable.

La valeur réelle, c'est le temps que coûte un objet à produire; la mesure, c'est l'heure, la journée, la semaine, le mois, l'année. En se basant sur une moyenne, la valeur, c'est la représentation exacte d'un travail; c'est recevoir en argent, en billets, en travail, une somme égale à celle qu'on a produit. Par exemple, quand un ouvrier fait une journée de travail à l'un de ses camarades, celui-ci, à son tour, lui rend une journée ou la somme d'une journée de travail, que l'on paie en moyenne. Dans cette spécialité, c'est l'équivalent, c'est l'égalité, la justice de l'échange.

Dans la société actuelle, la valeur est arbitraire; tel homme produit peu et gagne beaucoup, tel autre produit beaucoup et gagne peu. De cette inégalité, de ce manque d'organisation dans la valeur, il s'en suit que l'injustice étant dans la rémunération du travail; le désordre, la misère, l'iniquité se perpétuent dans la société. Voulons-nous être justes et heureux, organisons la valeur, la réciprocité, l'égalité de l'échange. J'en appelle à l'unanimité de tous ceux qui veulent consommer, produire, échanger.

DE LA DIVISION DU TRAVAIL.

Chaque industrie se divise en une quantité de spécialités; plus le travail se divise, plus la production s'accroît, plus le travailleur se perfectionne. Chaque travailleur faisant plus souvent une même chose, la fait plus vite et la fait mieux; si un homme était obligé de faire toutes les opérations pour se suffire, il travaillerait longuement, péniblement, et ne produirait pas son stricte nécessaire; au contraire, faisant une seule chose, et échangeant son produit sur la base de la justice de la réciprocité, il se procure le nécessaire, l'utile, l'agréable, et produire, pour lui, devient plaisir, s'il cultive une spécialité de travail d'après ses goûts, ses aptitudes.

Autre avantage de la division du travail, c'est que chaque individu acquiert la connaissance exacte de la quantité de temps qu'il faut pour produire telle quantité et telle qualité de travail, ce qui rend facile le travail aux pièces, qui donne plus de liberté, et qui assure la détermination exacte de la valeur d'un produit. L'unanimité des travailleurs reconnaissent cet avantage et veulent en jouir.

QU'EST-CE QUE TRAVAILLER?

Travailler, c'est faire œuvre utile, c'est contribuer au bien-être individuel et au bien-être général, par la production des choses utiles au développe-des facultés humaines. Par tout ce qui peut nous rendre fort, moral, intelligent.

Pour nous diriger dans la voix de la vérité, la société actuelle est peu propre à nous indiquer ce qu'il faut faire ; il n'en est malheureusement pas de même pour ce qu'il faut éviter. Ainsi nous pouvons distinguer dans la société présente trois catégories de travail, que j'appellerai ainsi : travail utile, travail inutile, travail nuisible, plus les oisifs. Nous avons dit ce que c'est que le travail utile, je veux indiquer seulement ce qui est inutile et ce qui est nuisible· Ma mission à moi, n'est pas de faire de la critique, c'est d'édifier. Je place dans la catégorie des inutiles ceux qui ne produisent pas, et qui travaillent, pourtant ; tels que les mendiants, une foule innombrable d'employés, d'intermédiaires, de bureaucrates ; nous n'en finirions plus, j'indique.

Les travailleurs nuisibles sont ceux qui concourent directement ou indirectement à faire le mal, par des moyens honteux que la conscience désavoue, ou par des vices tolérés, tels les prostituées, les maisons de jeu, etc., etc.

Ajoutons à cela, les parasites, les chômages, l'ignorance, le manque de débouchés, puisque le travailleur ne recevant pas l'équivalant de ce qu'il produit, ne peut consommer qu'une faible partie de ce qu'il produit ; de là, chômage, misère.

S'il était possible de faire la statistique exacte du petit nombre de ceux qui produisent réellement les choses d'utilité, on serait étonné, tellement il est restreint ; en échange, l'on ne le serait pas de la misère et de sa cause ; et l'on parle d'ordre et de liberté dans un temps, où il n'y a peut-être pas un producteur sur dix, c'est là le comble de la démence ; il n'est donc pas étonnant si cette masure, que nous appelons société, croule de toute part, et si chacun craint d'être englouti sous ses décombres. Faut-il donc qu'elle périsse, la moderne Babylone !

Non, la société ne périra pas, l'erreur a fait son temps, la vérité a lui. Frères ! au travail, tout est là, c'est la voix de l'unanimité.

Nous avons signalé les parasites, les travailleurs inutiles, les travailleurs nuisibles, toute la question, c'est de les transformer en utiles ; ils ne demandent pas mieux, ils souffrent comme nous, car dans l'humanité, quand un seul homme souffre par le manque d'organisation, tous les hommes ressentent la même douleur. Qui ne sait les tortures et les privations du prolétariat, qui ne sait les angoisses et les tribulations, les insomnies du commerçant et du patron, qui ne sait les craintes, les frayeurs de celui qu'on appelle le riche? est-il un seul homme en sécurité, en est-il un seul qui ne soit inquiet du lendemain; tous sont malheureux, tous veulent être heureux, voyageurs égarés par la guerre, par la politique, par la chicane, par la foi. Ouvrons les yeux, examinons, organisons, non plus la destruction, mais la production, non plus la politique, c'est l'ombre, la chimère, mais le travail, qui est la vérité, non plus la division, qui est la faiblesse et la haine, mais l'unité, qui est la force, l'amour.

Nous l'avons dit, notre but n'est pas de faire la critique du mal qui existe, mais de l'indiquer, et de présenter le remède que nous croyons efficace à le guérir et à le prévenir.

VOICI LE MOYEN DE L'ORGANISATION DU TRAVAIL.

Le travail est divisé, et peut se diviser à l'infini; le travail est ce qui produit les choses d'utilité, qui servent à l'usage des facultés de l'homme.

EXEMPLE :

Chaque spécialité de travailleurs a son journal rédigé par des hommes de cette spécialité; tous ces hommes sont parfaitement compétents pour savoir le temps qu'il faut en moyenne pour produire telle quantité de travail; il est impossible que des hommes qui ont travaillé pendant 10, 15 et 20 ans à faire une même chose, ne connaissent pas cela, en se basant sur une moyenne; ici donc, tous les travailleurs d'une spécialité sont compétents au même titre, au même degré, tous peuvent traiter directement et en pleine connaissance de cause; le journal ne s'occupant que de sa spécialité, est le miroir fidèle, l'expression vivante, exacte de cette spècialité, il a donc les qualités voulues pour établir une statistique de sa spécialité. Le personnel dont elle se compose, la production en moyenne, les perfectionnements survenus, ceux qui sont en étude, les débouchés, le nombre d'apprentis qu'il faut pour équilibrer la production, avec la consommation, tous les travailleurs de la spécialité, ont des réunions périodiques ou extraordinaires, dans tous les pays où il a des travailleurs de la spécialité, dans ces réunions, on traite de tout ce qui a rapport à son objet, le résumé des délibérations est adressé au journal, lequel les reproduit. Chaque membre de la corporation reçoit ledit journal; cela fait que tout est connu de chacun et de tous, que tous concourent à la chose commune et pratique; or, n'est-il pas évident que l'accord soit unanime sur toutes les questions que l'expérience a démontrée, et pour ce qui est douteux, que l'accord se fasse sitôt que l'expérience sera faite. S'agit-il d'un procédé, matière à contestation, on le compare à l'œuvre, il est inférieur ou supérieur; est-il meilleur, c'est l'intérêt de tous de l'adopter, l'unanimité est faite sitôt que la lumière est faite, sitôt que la vérité se produit; cet exemple est applicable à toutes les spécialités.

Une proposition est faite, motivée, détaillée dans une réunion, elle est avantageuse, le journal la reproduit; toutes lés réunions font connaître le adhésions par le journal ; du moment que toutes les parties contractantes ont accepté, la chose est en vigueur, c'est la loi de l'unanimité, de la liberté, de la vérité.

De même qu'il y a un journal pour chaque spécialité de travailleur, il y a un journal universel, le Moniteur du travail, qui résume en soi toutes les spécialités, les statistiques, conventions, règlements, qui varie sans cesse, comme le perfectionnement, comme le progrès qui monte sans cesse, qui élève sans cesse le niveau du bien-être.

DE L'ÉCHANGE.

Le travailleur ne consomme pas son produit, il faut donc organiser l'échange ; ici le mécanisme est aussi simple. Nous avons dit que la représentation de la valeur s'apprécie par le temps que coûte un objet à produire ; il s'en suit que l'échange doit être égal ; ainsi si l'heure de travail est à raison de 50 centimes, le chiffre ne fait rien, un maçon, un menuisier, un architecte, un médecin, reçoit 50 centimes pour une heure de travail, ou si le travailleur est aux pièces, on sait en juste ou moyenne ce qu'un ouvrier produit dans une heure, dans un jour, et il reçoit l'équivalant de ce qu'il fait, fait-il dans une heure le travail de trois heures bon pour lui, il reçoit comme pour trois heures ; au contraire, il n'a fait que l'équivalant d'une demie, d'un quart d'heure, ce sera moins ; moins il fait, moins il gagne, plus il fait, plus il gagne, il est libre.

En disant que si l'heure de travail était fixée en moyenne à 50 centimes, un maçon, un menuisier recevraient comme un architecte, comme un médecin, il s'est élevé un murmure de la part de ces derniers, qui voulait dire : vous n'avez plus l'unanimité ; à cela je pourrais faire beaucoup de réponses, je n'en ferai que deux, la première, c'est que quand la société reposera sur la vérité, sur le travail, il ne sera pas plus difficile d'être architecte, médecin, que d'être maçon ou menuisier, mais nous avons mieux que cela, nous promettons de faire la preuve en son lieu, que quand le travail sera organisé, l'architecte et le médecin auront plus de gain, plus de bien-être qu'ils n'ent ont à présent, et que le maçon et le menuisier pourront en avoir autant, quand tout le monde gagne dans une affaire, tout le monde est content ; nous aurons l'unanimité, car nous serons dans la vérité.

Il y a une autre objection à laquelle je veux répondre, parce qu'elle ne peut manquer de se produire si mon idée voit le jour ; c'est que la valeur varie incessamment, c'est que telle spécialité peut inventer tel procédé qui la mettent à même de produire davantage qu'un autre. A cela, je réponds à l'avance, que quand toutes les aptitudes pourront se produire, les perfectionnements ou les industries iront de pair et d'équilibre, il est impossible de supposer un progrès dans une spécialité sans la supposition d'un progrès équivalant dans toutes les spécialités ; quant aux inventions ou mieux dit, les perfectionnements, ce n'est pas à nous à stimuler leur zèle, cela regarde les parties intéressées. Voulez-vous leur donner de l'argent, ils ne seront jamais assez payés ; voulez-vous leur dresser des statues, faire des mentions honorables, frapper des médailles, je m'abstiens ; quant à moi, pauvre hère, ce qui me stimule, c'est le besoin de vous dire ce que je pense ; mon cerveau ne peut plus contenir mon idée, je ne demande rien, pas même de l'argent.

DE L'ORGANISATION DE LA COMMUNE.

Le travail se divise en spécialités, un peuple, une nation; l'humanité se divise en commune; supposer une spécialité de travail organisé, c'est supposer l'organisation de l'humanité. Une commune peut-elle voter ses dépenses, son budjet, peut-elle équilibrer ses recettes, peut-elle s'administrer, avoir dans son sein son conseil communal, son conseil de famille pour pacifier les différends qui surviennent entre citoyens, son conseil de prud'hommes, son garde-champêtre, son médecin, sa pharmacie, son greffier faisant l'office du notaire, son prêtre, son instituteur, sa cave, son grenier, son écurie, sa ferme école, son bazar ou entrepôt, où toutes les productions se trouvent cotées, peut-elle faire toutes ces choses pour elle-même et par elle-même; qui peut connaître mieux qu'elle-même ces besoins, ces intérêts, cela n'est pas contestable; tous les habitants de ladite commune peuvent-ils prendre part à la gestion de la chose commune? Oui, la commune peut donc s'administrer, se gouverner, se faire justice, comme la corporation le gouvernement direct est possible, et j'ajoute le seul vrai.

La commune non plus que la corporation ne peuvent vivre isolée, elle a des rapports, des intérêts qui se lient aux intérêts du canton, du département, de la nation, de l'humanité. Ici le moyen est le même, le journal communal ne traitant que des affaires de la commune; le journal cantonal, le journal départemental, et enfin le journal national, les réunions communales, les congrès au besoin où toutes les communes intéressées ou les corporations se trouvent représentées seulement pour éclaircir les questions ou signer les conventions, mais jamais pour contracter sans l'autorisation des communes ou des corporations; c'est toujours la chose de tous, par tous, pour tous, c'est toujours la vérité, loi de l'unanimité.

DE LA TRANSFORMATION DE LA PROPRIÉTÉ OU INSTRUMENTS DU TRAVAIL.

La terre est l'instrument du travail, la mamelle de l'homme, elle est comme tous les éléments nécessaires, indispensable à chacun; l'homme ne peut pas plus se passer de la terre qu'il ne peut vivre sans air, sans chaleur, sans soleil; l'homme la féconde par son travail, l'assainie, l'embellit. Un jour par le travail, la terre sera telle qu'elle est décrite dans l'Ecriture, un véritable Eden; l'homme tirera de son sein tout ce qui lui sera nécessaire, utile, agréable; mais pour en arriver à cet idéal, que de transformations cette planète doit encore subir.

Il faut de toute justice qu'elle devienne ce qu'elle est de fait, la propriété publique commune, ainsi l'a voulu la nature, ainsi le veut la raison, le bien-être individuel et le bien-être général sortant des mains de la nature. La terre est une comme la vérité; telle partie n'était pas réservée à celui-ci plutôt qu'à celui-là, et n'entre pas plus dans le plan providentiel de la distribuer aux aînés qu'aux cadets de l'espèce humaine.

Par une erreur naturelle, les hommes se sont approprié le sol par la violence, qui jusque là avait appartenu à tous; ils ont planté des barrières, fait travailler des esclaves, et depuis il y a eu dans ce monde ce spectacle affreux, deux classes d'hommes, les uns maîtres, les autres esclaves.

Il n'entre pas dans le cadre de cet écrit de faire la critique du mal, l'auteur se propose une mission plus sainte, c'est de présenter les moyens qui peuvent le guérir ; je dirai seulement que l'esclavage n'aura complètement disparu parmi les hommes, que quand la mère commune appartiendra de fait comme elle appartient de droit à tous ses enfants................. la justice sociale garantit à chaque producteur l'intégralité, la totalité de son travail, mais la société ne peut pas le dépouiller ni dépouiller aucun de ses membres, de l'instrument de travail donné par la nature, et auquel nous avons des droits égaux. Nous avons revendiqué nos droits, nous venons de les proclamer. Est-ce à dire que nous voulons expulser violemment ceux qui aujourd'hui ont la possession du sol? Non, lecteurs, si telle était notre pensée nous serions en contradiction avec le titre et le but de cet ouvrage, nous ne serions plus dans la loi de l'unanimité, et c'est à l'unanimité que toutes les questions doivent se résoudre.

Ne craignez point de violence ni de haine de la part de celui qui n'a pour but que le bien-être de tous, et pour arme que celle de la vérité. Je veux seulement démontrer que les hommes ont vécu d'erreur jusqu'ici, que l'erreur n'a enfanté que l'oppression et la misère, que nous avons méconnu les saintes lois de la nature, la loi morale, et que ce ne sera qu'en nous conformant à ces lois que nous rentrerons dans la voie de la vérité, du bien-être.

Nous avons rétabli le droit, conformément à la nature; à la vérité, il nous reste à démontrer comment l'appropriation de la terre en rend même le possesseur malheureux ; comment la terre peut devenir commune, en augmentant le bien-être de tous et le moyen de la racheter de ceux qui la possèdent actuellement. C'est par là que nous allons commencer. Chacun sait qu'il existe une loi, en vertu de laquelle la nation peut exproprier un particulier, moyennant une indemnité équivalente à la possession. Cette loi peut s'appliquer partiellement ou généralement, alors que la nation en ressent l'utilité ; c'est par ce moyen que chaque commune et chaque corporation peuvent rendre l'instrument de travail collectif.

INCONVÉNIENT DE LA DIVISION DU SOL, DU MORCELLEMENT.

Il en est de la terre comme de l'industrie, des arts, des sciences ; pour qu'elle puisse rendre tout le bien possible, il faut que tout soit organisé pour un but déterminé, et que toutes les parties soient dirigées avec intelligence. A cette fin, la science a constaté que les inondations presque périodiques qui dévastent nos campagnes et nous menacent d'une destruction au moins partielle; que le refroidissement de l'atmosphère, les changements subits de température, les pluies torrentielles et les sécheresses si nuisibles dans le midi de la France, proviennent d'une même cause, du déboisement des forêts ; il faut reboiser nos montagnes, c'est un système général qui nous préserverait d'une ruine, et qui rendrait le climat sain et le sol d'une fertilité inconnue jusqu'à ce jour. Ce travail utile, nécessaire à tous, ne peut être réalisé par les propriétaires. Ils n'ont pas les moyens de reboiser une partie de leurs champs, il n'y a donc que la nation qui puisse réaliser des choses si considérables; la plupart des terres pourraient être mises en prairie, il faut utiliser les eaux qui vont se perdre dans la mer, nécessité d'un systéme général d'irrigation. Ici, comme dans le cas précédent, la nation seule peu le réaliser. Non-seulement le propriétaire est impuissant pour des travaux de cette nature, mais même il ne peut pas en tirer tout le parti convenable. Du peu qu'il possède, un propriétaire est obligé de récolter un peu de blé, de vin, d'avoir un pré, un verger; or, telle contrée donnerait du blé en abondance, qu'elle ne donnerait que très-peu de vins, et ainsi de suite. Il s'en suit que malgré des efforts constants, le propriétaire est toujours impuissant; puis les engrais, les instruments perfectionnés qui se créent tous les jours, la cherté de l'argent, dont l'iniérêt est aujourd'hui de 10 et 15 pour cent, sont autant de causes de souffrances et de misère, qui ne peuvent disparaître que par la solidarité des intérêts, par le consentement de tous, à l'avantage de tous, au lieu du morcellement de l'appropriation individuelle. Supposons que le sol appartienne à la commune, à la nation, nous allons réaliser immédiatement le reboisement des forêts, un système général d'irrigation, une cave commune, un grenier commun, des instruments aratoires, un vaste sistement dans la culture en grand, cette plaine en froment, cette colline en prairie, ce côteau en vignoble; la production va décupler, l'abondance, la santé, la joie, la dignité, la liberté, le bien-être, ce prodige, ce rêve peut se réaliser, il n'y a qu'à savoir. Or, propriétaires, je vous le demande, voulez-vous voir votre bien-être s'accroître, voulez-vous la sécurité, en voilà le moyen. L'organisation du travail, c'est l'intérêt de l'unanimité.

Le désordre et la misère que nous avons signalé dans l'agriculture est le même dans l'industrie, dans le commerce, dans les arts, les sciences. Mêmes causes, mêmes effets. Qui peut nombrer les souffrances du prolétariat, qui peut dire les tortures et les insomnies du commerçant, qui peut décrire les agitations, les frayeurs, les angoisses du riche? Est-il sur cette terre un seul homme heureux? En est-il un seul qui puisse jouir paisiblement de sa fortune? Hélas! la crainte d'une ruine, d'une banqueroute, d'une jacquerie, est dans tous les cœurs, le trouble dans tous les esprits.

Et cependant nous pouvons nous entendre; nous voulons tous le bien-être, seulement nous avons ignoré le moyen. Frères! le moyen est trouvé, c'est l'organisation du travail; par l'organisation du travail, par la loi de l'unanimité, celui qui possède beaucoup aujourd'hui, possédera davantage avec sécurité; celui qui ne possède rien possédera autant qu'il le voudra par son travail.

La concurrence, la communauté des salaires et l'émulation par l'égalité des salaires.

De tous les fléaux qui ont affligé l'humanité, la concurrence est le plus désastreux. La concurrence telle qu'elle a été dans les temps, telle qu'elle est aujourd'hui, a plus fait de mal que la peste et la guerre. Cependant, dans la société ancienne et dans la société présente, elle avait des droits légitimes au but. Ce but, c'est l'émulation, le progrès; elle devait solliciter l'activité sociale à la production, au perfectionnement, au bien-être. Rien de plus sacré, rien de plus louable. Mais, comme nous l'avons dit, l'homme ne se trompe jamais, ne peut jamais se tromper sur le but, qui est le bien-être ; mais il se trompe sur les moyens de le réaliser. Voyons les effets de la concurrence, et nous resterons convaincus que l'on s'est trompé sur son compte. Sur ce point comme sur tant d'autres, l'homme ne pêche que par ignorance. Prenons un exemple particulier du désordre que la concurrence enfante. Ce fait nous donnera une idée de ce que peut être une société basée sur cette erreur.

Deux hommes, deux frères, ayant tété le même lait, ayant vécu ensemble dans une intimité parfaite jusqu'à l'âge de trente ans, élevés sous le toit paternel, se marient, s'établissent pour exercer la même profession dans le même pays, souvent dans la même rue, les voilà ennemis l'un de l'autre ; l'intérêt de l'aîné est de conspirer la ruine de son cadet. De ce jour, la lutte est ouverte ; l'un conspire la ruine de l'autre ; ils ne redeviendront frères que quand ils seront ruinés tous les deux, ou la prospérité de l'un aura contribué à la ruine de l'autre.

Cet exemple suffit pour nous indiquer la source de cette haine et de cette misère qui déborde de toutes parts ; si nous l'envisageons au point de vue général, nous voyons qu'elle n'enfante que le monopole et la stagnation des affaires ; puisant sa force dans l'inégalité des salaires, au lieu de les équilibrer, elle met la main-d'œuvre au rabais. L'ouvrier gagnant peu, ne peut pas acheter ; les magasins s'emplissent, plus de débouchés, plus d'affaires ; la misère et la haine entre les hommes, la stagnation, la mort du travail.

Un système contraire et basé sur un sentiment sacré, la fraternité, produit absolument les mêmes résultats, je veux parler de la communauté des salaires, que l'on a confondu jusqu'à ce jour avec l'égalité des salaires, différence essentielle qu'il est utile de faire observer pour ce que nous nous proposons de soumettre aux lecteurs. La communauté des salaires se formule ainsi de chacun selon ses forces dans la pratique, cent travailleurs sont associés, ils travaillent ensemble en commun. A la fin du travail de la journée, de la semaine, du mois ou de l'année, les produits ou l'argent sont partagés également entre tous les travailleurs, sans tenir compte de savoir si chacun a fait selon ses forces, ou une quantité de travail équivalente à la part qu'il reçoit. Je reconnais ce qu'il y a d'élevé, de moral, de fraternel dans ce système ; j'honore l'intention qui l'a dicté, je pense et je crois que dans un temps ce système de fraternité régnera dans le monde ; mais je dis qu'il n'est pas praticable à l'époque où nous vivons, et que la communauté des salaires est contraire au but qu'on se propose ; mettez cent hommes aujourd'hui travaillant en commun, et dans un an ils seront ennemis et misérables, vous aurez les mêmes effets que produit la concurrence.

J'en appelle sur ce point à ceux qui en ont fait la pénible expérience.

Le système de l'égalité des salaires réunit les avantages de la concurrence par l'émulation ; sans en avoir les inconvénients, il mène au but que l'on se propose par la communauté des salaires. En voici un exemple : Cent travailleurs d'une spécialité organisent le travail sur la base de l'égalité, de manière que celui qui fait un travail égal gagne autant que celui qui fait un travail équivalant. Ainsi je suppose qu'il faut un jour en moyenne pour tailler un mètre cube de pierre, un jour pour élever un mètre de bâtisse de terre, et que chacun des travailleurs put gagner autant que l'autre, s'il fait autant et aussi bien ; mais qu'il reste une semaine, si c'est son bon plaisir, pour faire ce travail, il ne doit toucher que le prix d'un mètre; si au contraire il veut en faire deux, trois, s'il le peut, c'est son avantage; il aura gagné le double, c'est la liberté, c'est l'égalité dans le travail, qui fait plus gagne plus, qui fait moins gagne moins.

Cet exemple s'applique à une spécialité et à toutes les spécialités pour l'unité de la valeur et de l'égal échange. Ainsi, il faut à un menuisier deux jours pour faire une table, à un cordonnier pour faire une paire de bottes, à un chapelier, tailleur pour faire un pantalon. Le prix de ces objets doit être le même en prenant pour base la moyenne de la production. Par ce moyen, la justice, l'égalité, la liberté, l'émulation, règnent dans le travail, et la société et la fraternité en découleront.

Nous avons promis qu'en prenant pour base de la société la vérité, qui est le bien-être, qu'en employant le seul moyen existe, l'organisation du travail, de la commune, celui qui possède le plus aujourd'hui pourra posséder davantage, et que celui qui possède le moins aujourd'hui pourra posséder autant que celui qui possèdera le plus.

Nous avons dit que ce qui constitue la richesse d'un homme n'est pas la possession de l'argent, mais les choses d'utilité qu'il peut se procurer avec cet argent. Or, n'est-il pas évident qu'une société ignorante, et dont la production est insuffisante, que dans une société semblable un crésus ne peut se procurer les commodités de la vie; n'est-il pas évident qu'un bourgeois de Paris peut se procurer des jouissances plus variées que le Grand-Turc? Cependant, entre la fortune de ce bourgeois et celle du sultan, la différence est comme un est à cent; si cela est, le plus riche des deux, c'est le bourgeois; la cause est due à l'accroissement et au perfectionnement de la production en France. Par ce qui est, nous pouvons prévoir ce qui sera par les progrès qui peuvent se réaliser, en transformant cette multitude de parasites en producteurs, cette multitude de travailleurs inutiles et nuisibles en producteurs utiles, en multipliant les machines à l'infini, en reconstituant l'unité du sol, en donnant à tous l'instruction et l'émulation par le classement des aptitudes et la juste rémunération.

J'en appelle à la conscience, à la raison de mes semblables, est-il un seul homme qui puisse contester cette formule:

Vivre, consommer ce qui est utile au développement des facultés de l'homme,

C'est le droit.

Travailler, produire ce qui est utile au développement des facultés de l'homme,

C'est le devoir.

Recevoir l'intégralité de ses produits, jouir du fruit de son travail,

C'est la justice.

J'en appelle à l'unanimité.

Prendre pour base cette formule, diriger l'éducation sur cette vérité, c'est être dans la loi naturelle, loi de l'humanité, le bien-être.

Avec cette boussole, l'homme devient infaillible; c'est le phare qui éclaire à l'aide duquel l'homme gravitera librement vers sa destinée.

Paris, avril 1852.

PIERRE-NAPOLÉON DOMENJARIE,
Ouvrier tailleur,
26, rue Pagevin.

Montmartre.— Imp. de PILLOY frères et Cᵉ, boulevard Pigale, 50.

www.ingramcontent.com/pod-product-compliance
Lightning Source LLC
Chambersburg PA
CBHW060724280326
41933CB00013B/2562
* 9 7 8 2 0 1 3 5 1 7 5 3 9 *